Male für jede Seite, die du bearbeitet hast, einen Stern aus!

Viel Freude!

4   5   6

7   8   9   10   11

12   13   14   15   16

17   18   19   20   21

22   23   24   25   26

27   28   29   30   31

32   33   34   35   36

37   38   39   40   41

42   43   44   45   46

Klatsche oder schwinge die Silben!

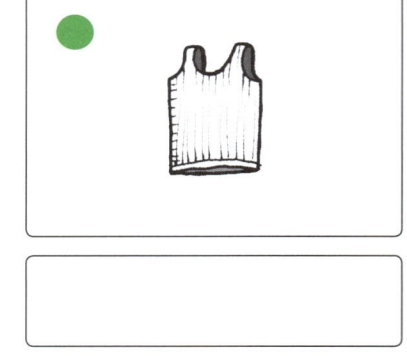

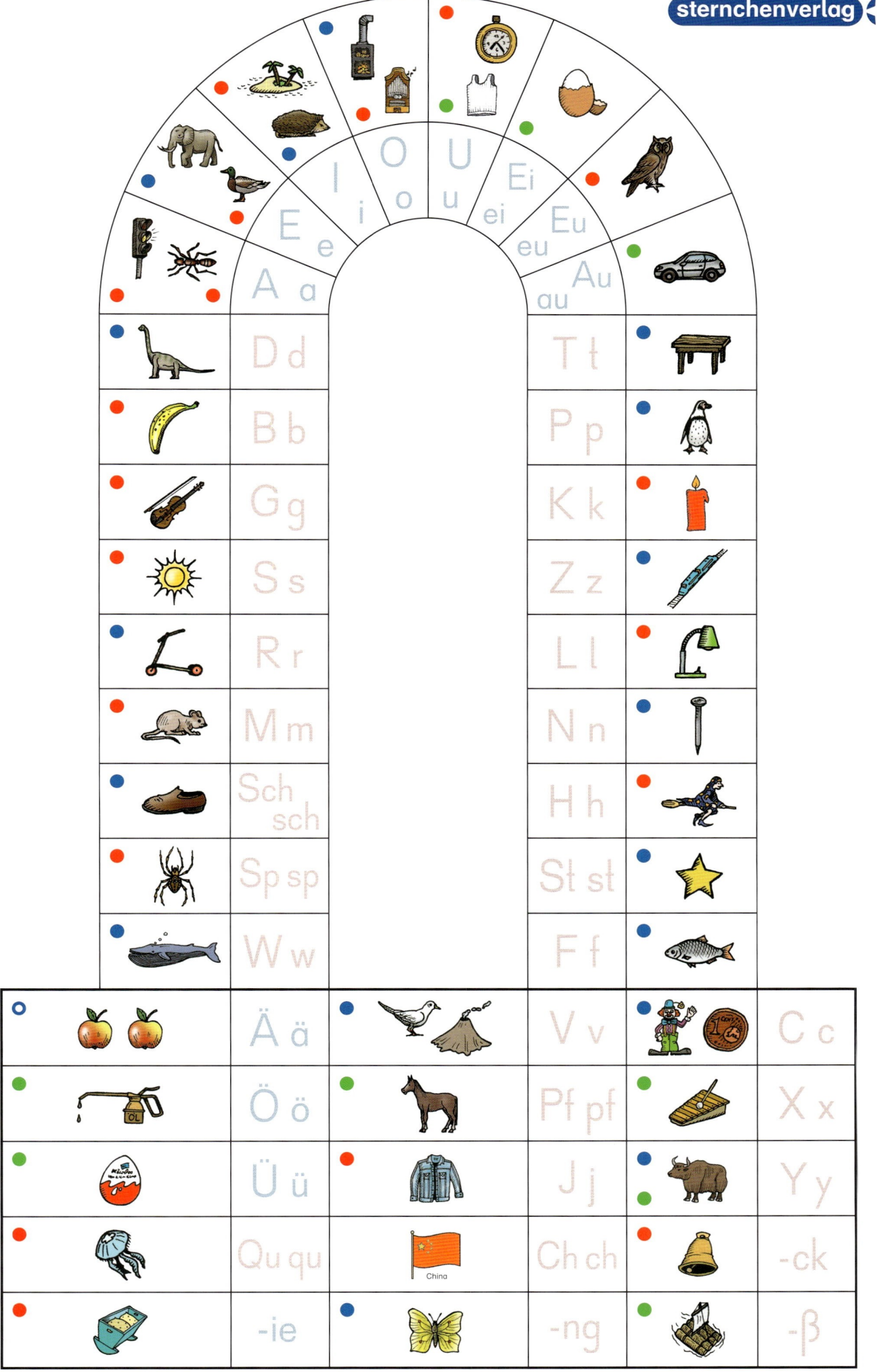

Meine Anlauttabelle

Name

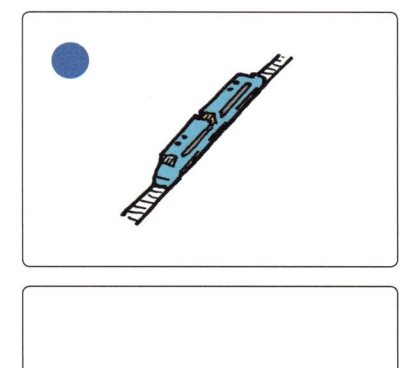

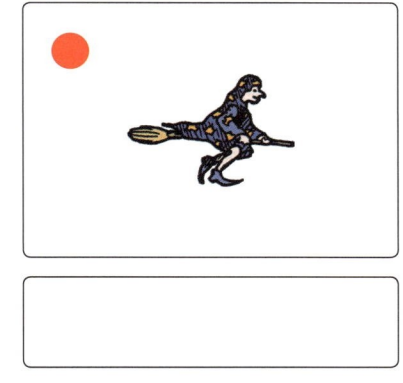

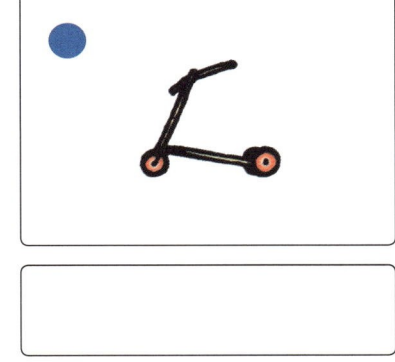

A	e	W	g
L	s	R	r
M	m	G	w
S	l	B	d
E	a	D	b
N	u	Ei	au
I	t	Eu	eu
O	o	Au	ei
T	i	K	z
U	n	Z	k

Verbinde!

H	st	Y	p
St	h	Pf	x
F	sp	J	c
Sch	sch	Ch	ch
Sp	f	C	j
Ä	ä	X	pf
Ü	ö	P	y
Ö	ü		
Qu	v		
V	qu		

Schreibe die Großbuchstaben!

 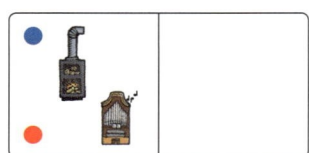 

 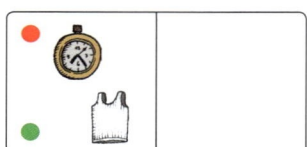 

 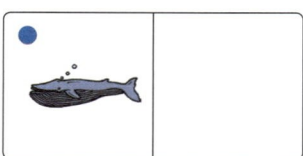 

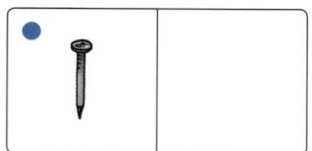 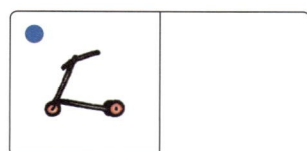 

Schreibe die Großbuchstaben!

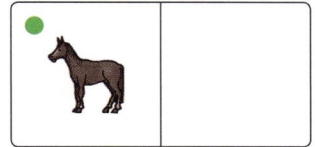

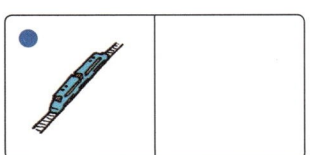

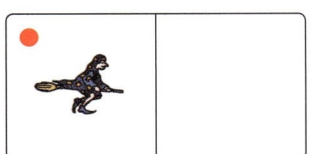

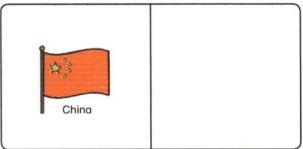

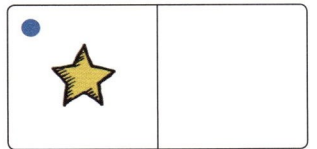

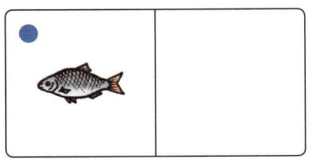

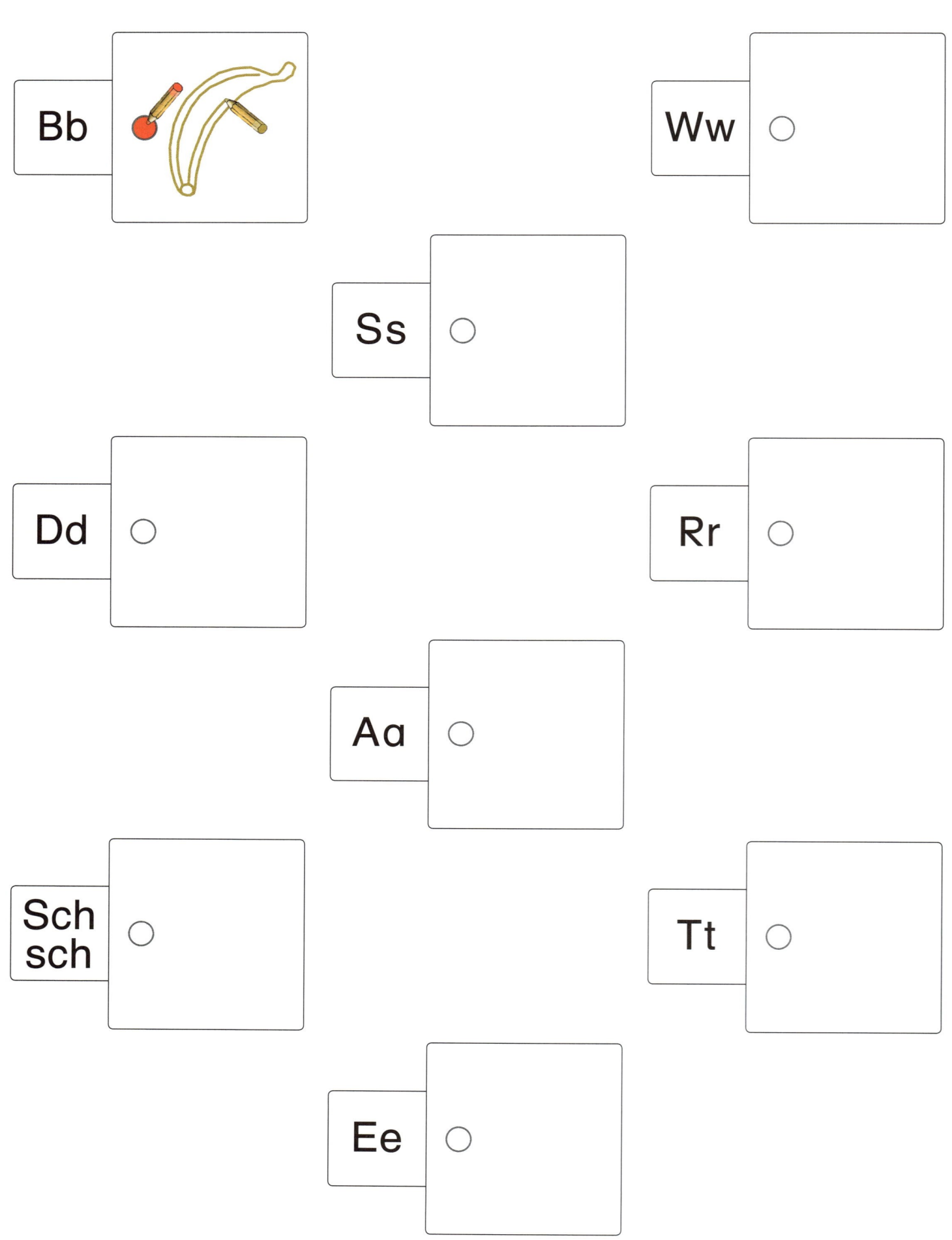

Bb

Ww

Ss

Dd

Rr

Aa

Sch sch

Tt

Ee

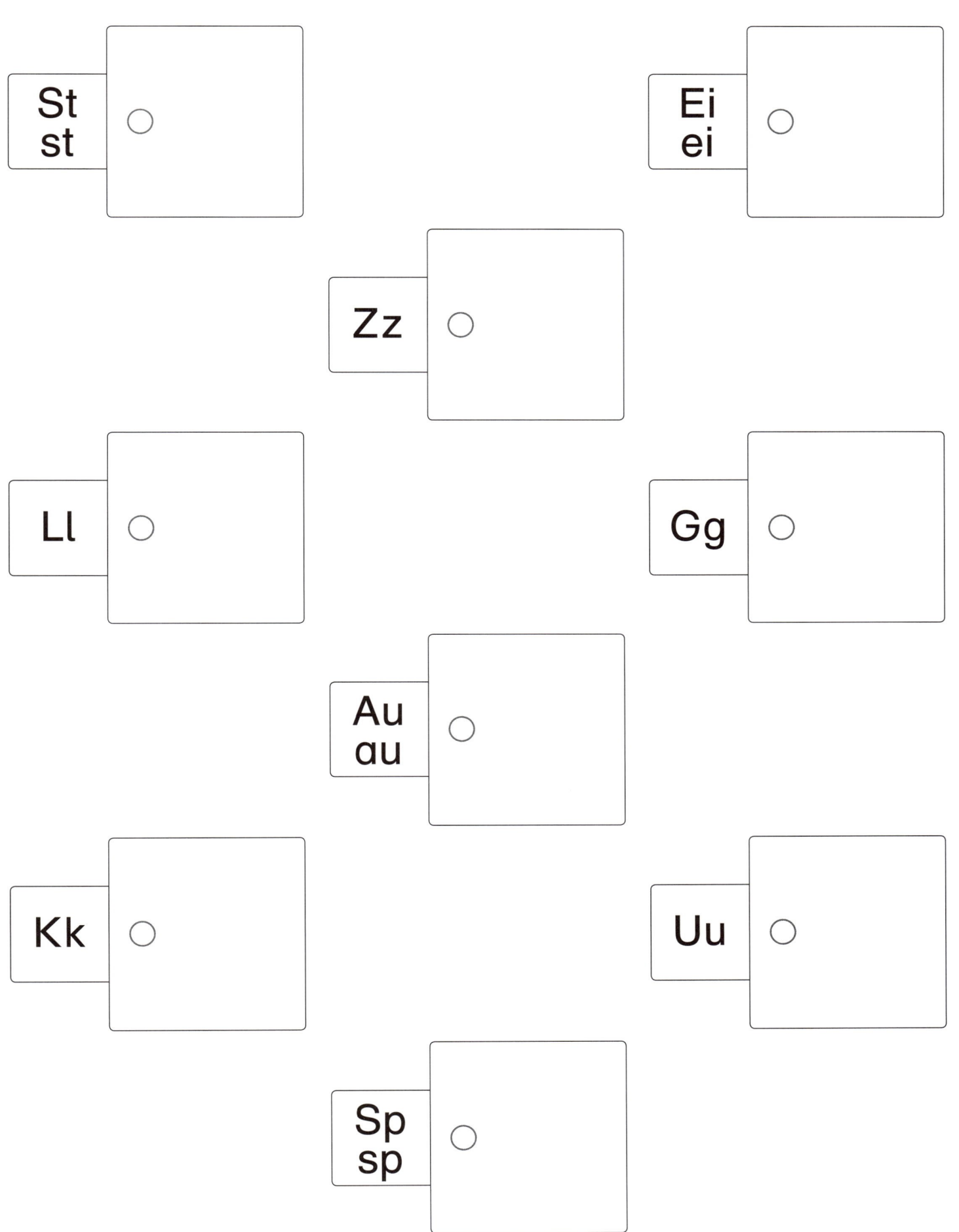

St
st

Ei
ei

Zz

Ll

Gg

Au
au

Kk

Uu

Sp
sp

Male das passende Bild dazu!

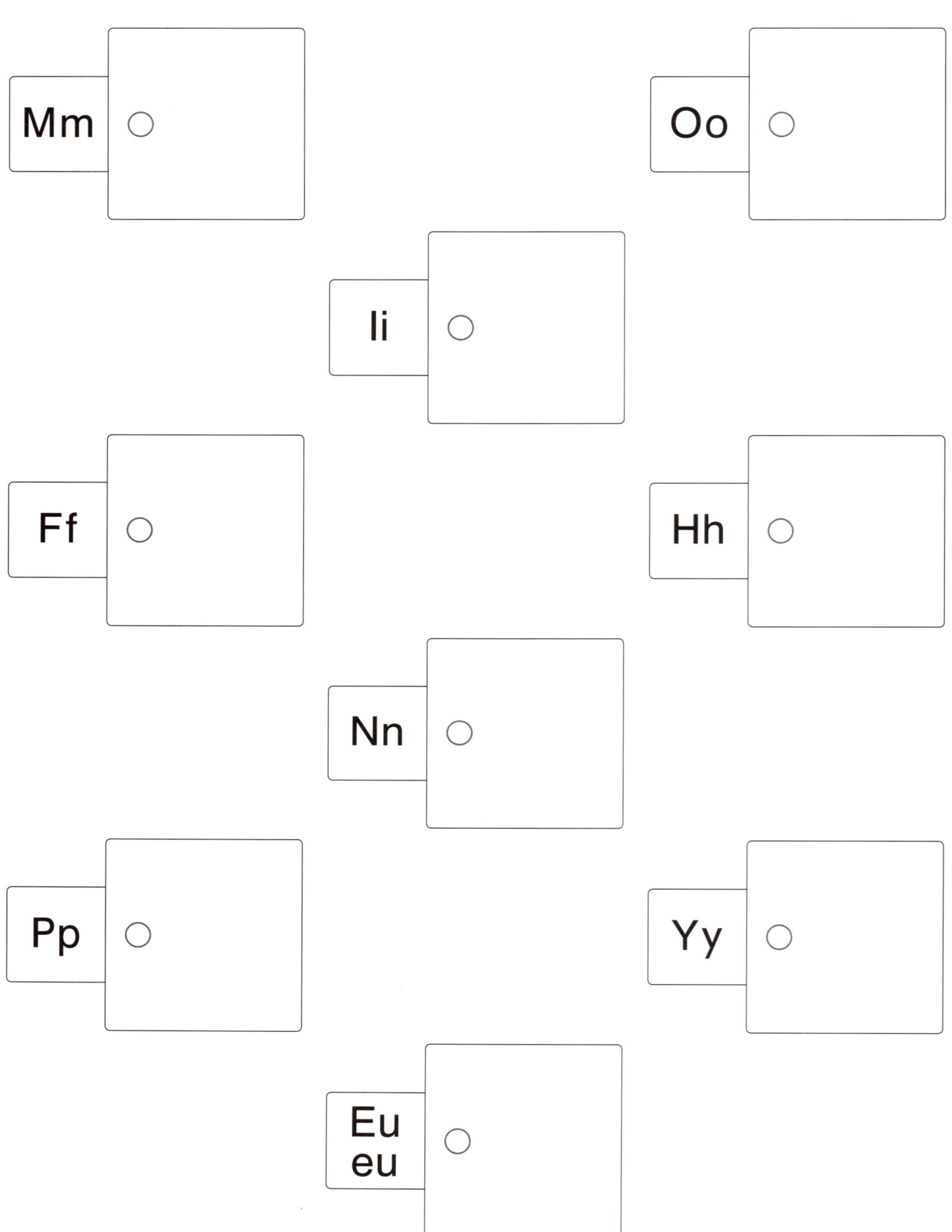

Mm

Oo

Ii

Ff

Hh

Nn

Pp

Yy

Eu
eu

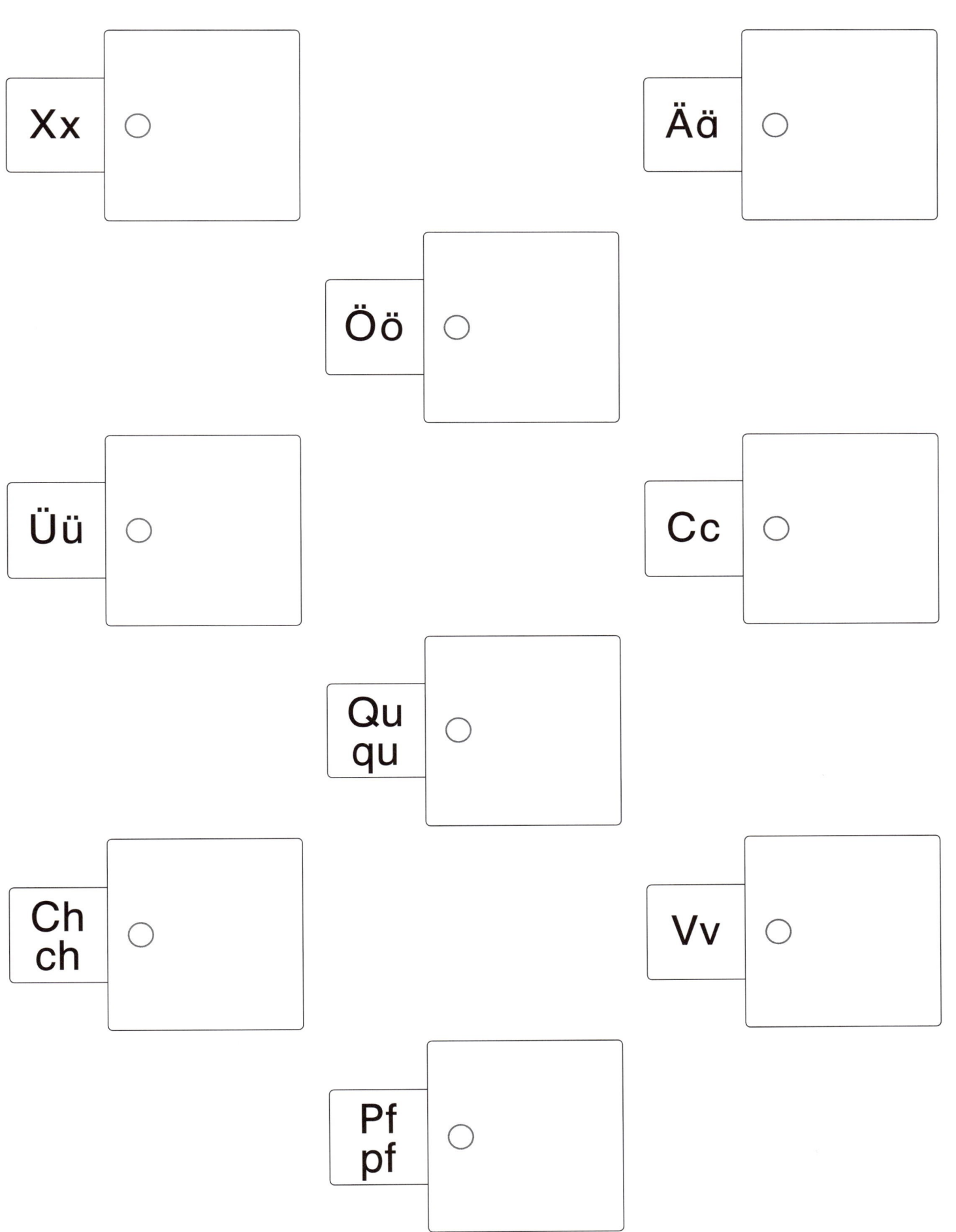

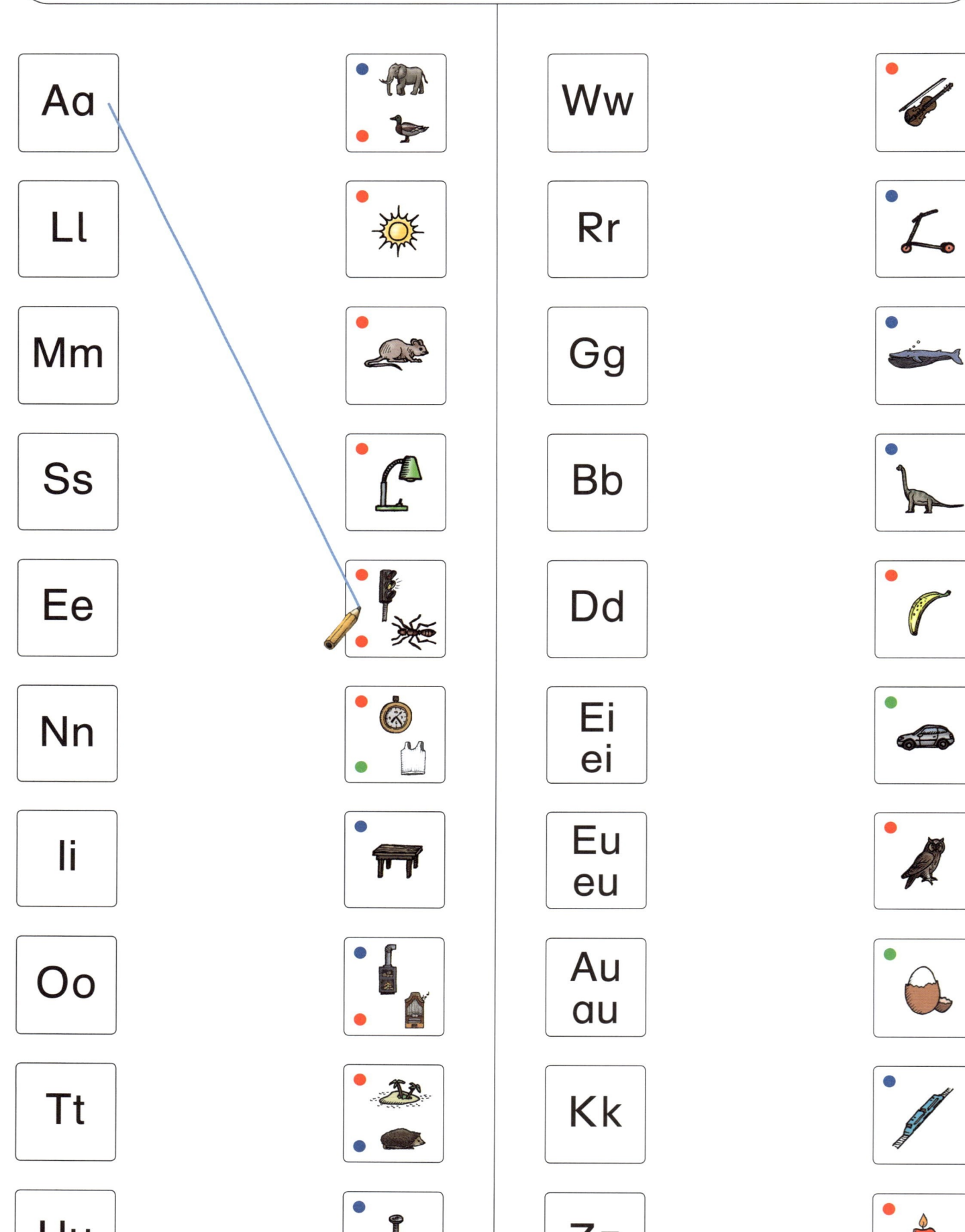

Verbinde!

Hh		Yy	
St st		Pf pf	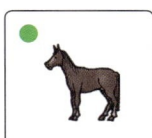
Ff		Jj	
Sch sch		Ch ch	
Sp sp	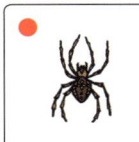	Cc	
Ää		Xx	
Üü		Pp	
Öö			
Qu qu			
Vv			

Schreibe die Groß - und Kleinbuchstaben!

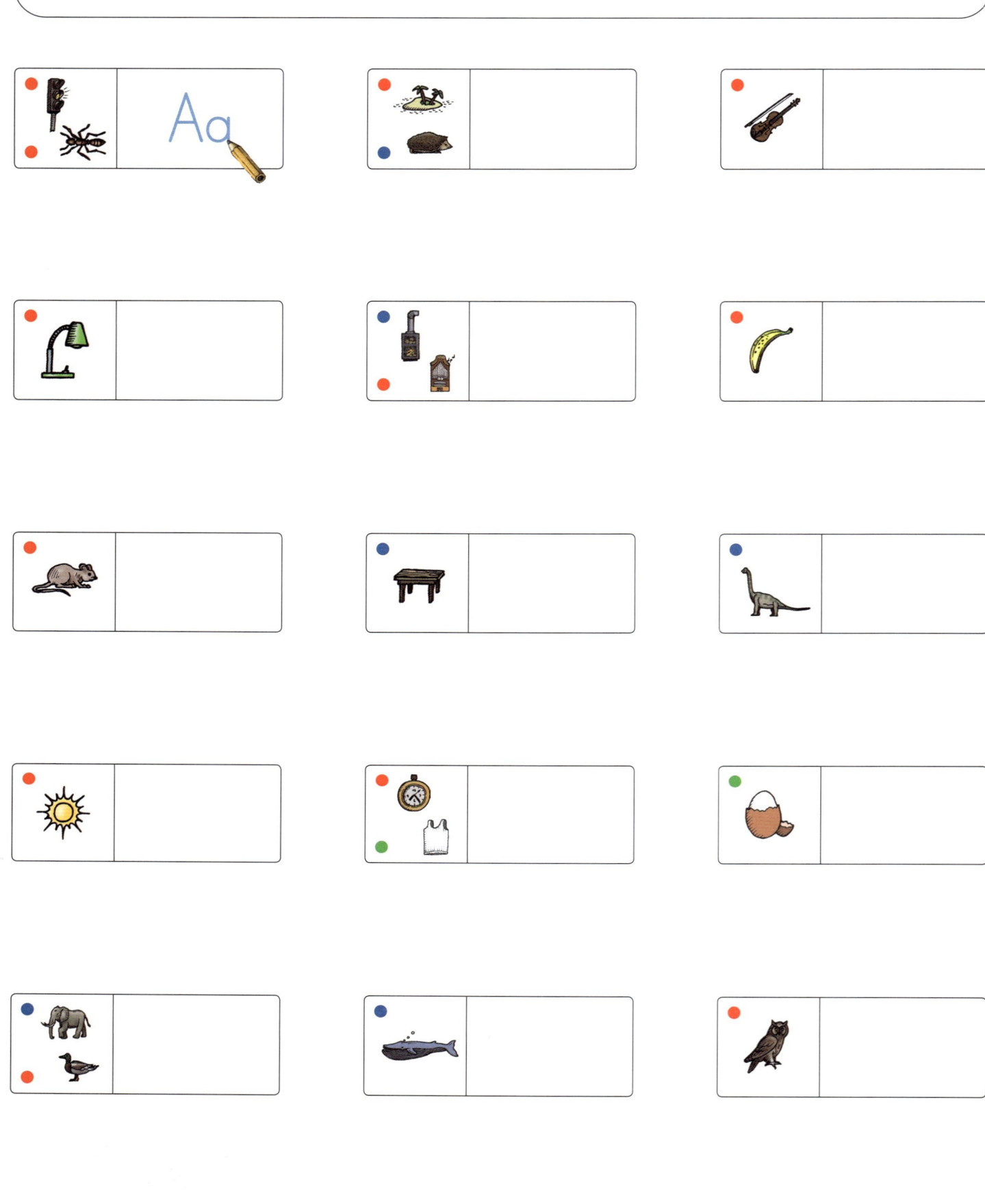

Schreibe die Groß - und Kleinbuchstaben!

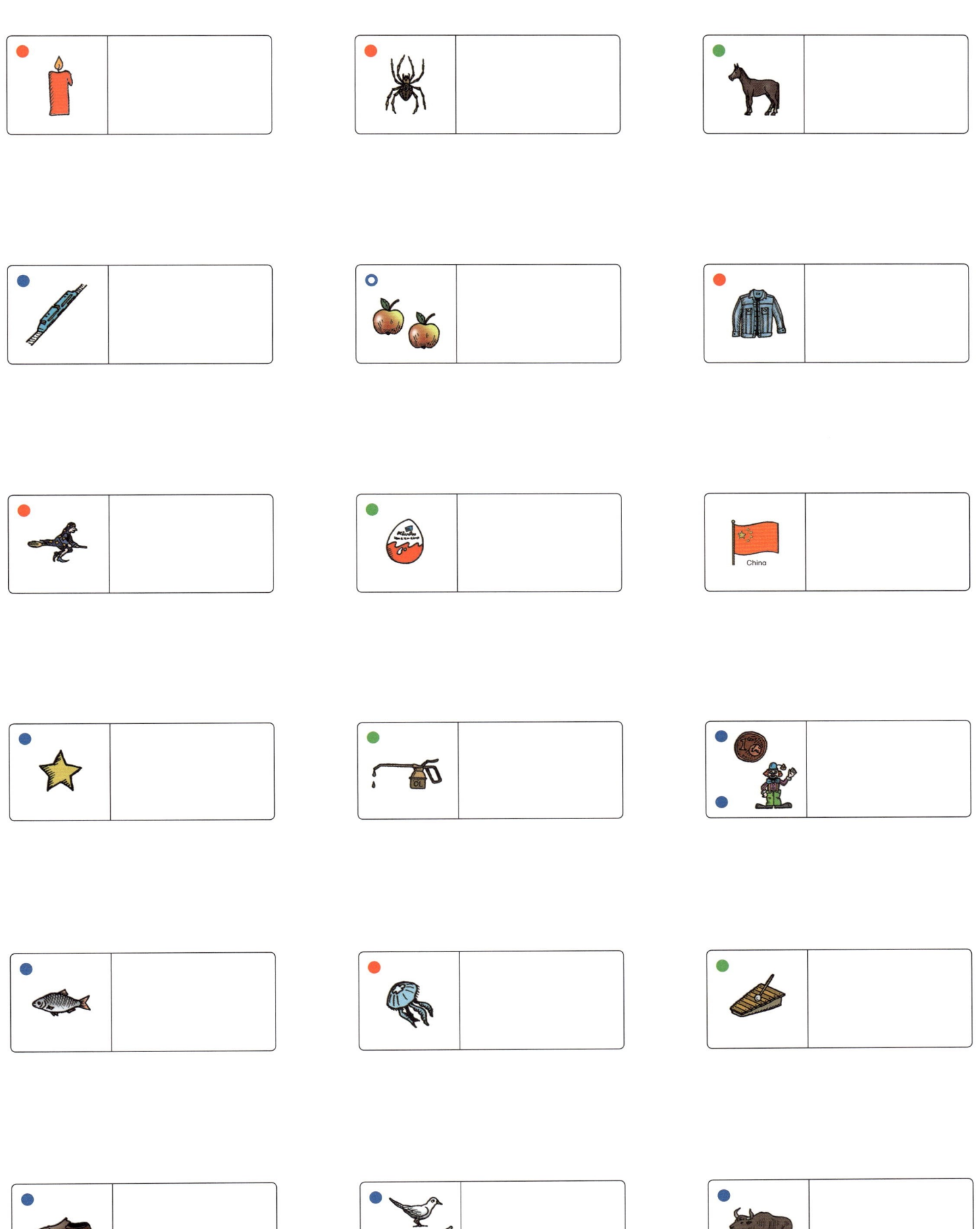

D	Ä	(E)	Ü	Ch	K	H	J

Au	S	Y	I	B	X	Sp	P

M	K	W	J	Ö	V	E	B

Ei	L	P	Eu	H	W	S	I

X	Eu	A	D	E	Au	C	B

Ch	Ü	S	U	Ä	W	V	Ei

B	Ö	Qu	Y	T	H	W	E

Eu	D	P	Sch	Pf	O	E	J

K	Ei	W	N	E	Ö	I	B

Y	Ü	V	Eu	H	D	K	N

	G	W	V	Y	Sch	E	Ä	K
	D	R	X	Pf	Ö	F	I	B
	Eu	S	W	P	E	Ei	J	Ch
	E	Pf	Ü	D	N	H	B	V
	W	I	Pf	E	B	Ä	Eu	P
	Y	E	F	Ö	B	Au	X	N
	Ei	D	Ch	N	St	Ü	Eu	E
	E	J	W	K	Pf	S	V	Ei
	Ä	P	J	B	E	Y	Z	I
	Pf	Ü	W	V	Ei	K	X	S

| N | X | E | St | B | I | Qu | T |

| W | S | L | Ch | V | H | J | D |

| M | T | R | F | E | Au | N | Sp |

| Ei | L | K | Pf | J | Sch | G | I |

| B | E | A | F | X | St | Y | V |

| D | Ä | R | U | E | R | S | L |

| Eu | G | I | Ö | T | X | Ei | A |

| Ch | S | A | E | O | Ü | F | D |

| J | K | X | W | U | Au | I | V |

| E | D | Pf | L | G | Qu | R | N |

Finde den passenden Anlaut! Kreise ein!

| | G | A | D | E | P | R | K | N |

| | B | R | X | J | G | A | L | T |

| | C | Y | W | Au | U | V | I | F |

| | T | Eu | Ch | D | Pf | K | Qu | Ei |

| | I | Sch | L | E | J | N | B | G |

| | A | K | St | T | U | Au | Pf | E |

| | E | X | Z | F | Y | D | Eu | G |

China

| Aa |
| Ll |
| Au au |
| Ww |
| Ee |
| Uu |
| Rr |
| Sp sp |
| Ss |
| Ei ei |

Finde das passende Bild!   Kreise ein!

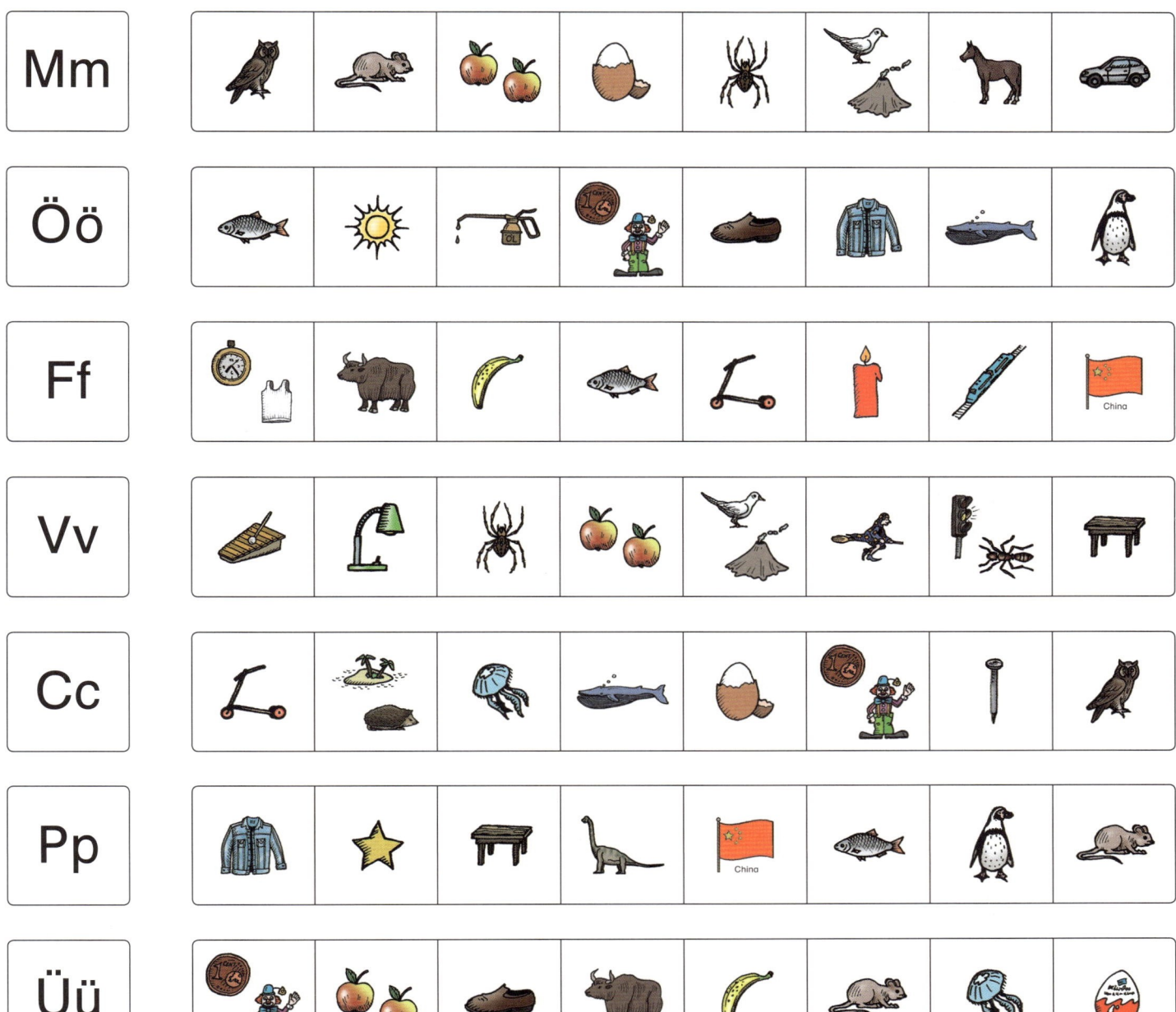

Mm								
Öö								
Ff								
Vv								
Cc								
Pp								
Üü								

A

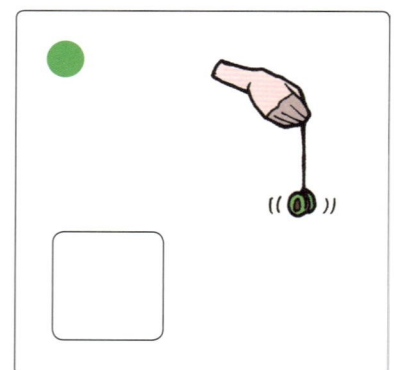

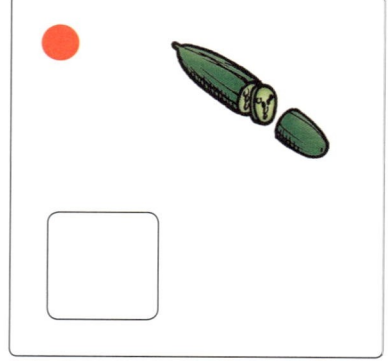

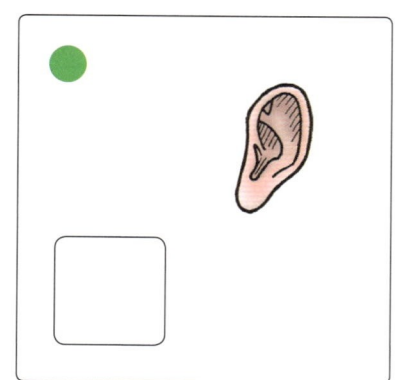

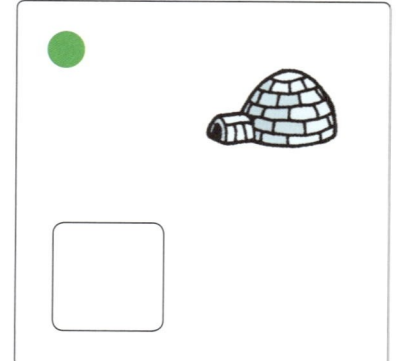

Trage den richtigen Anfangsbuchstaben ein!

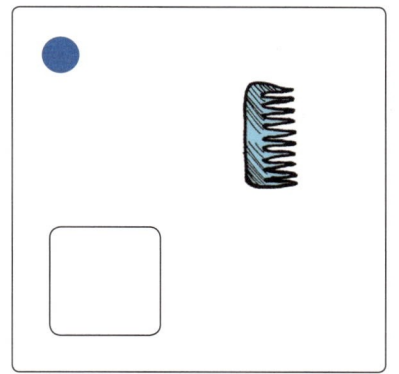

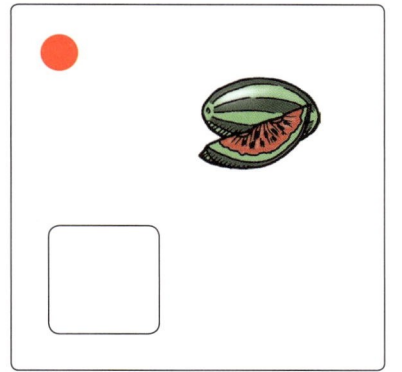

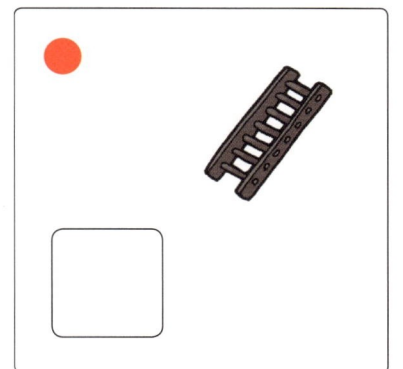

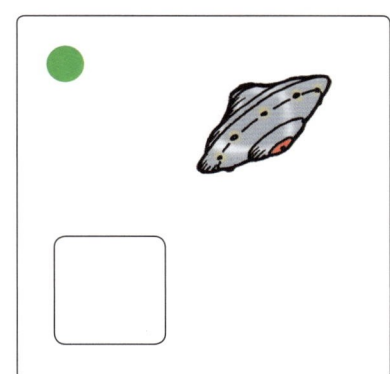

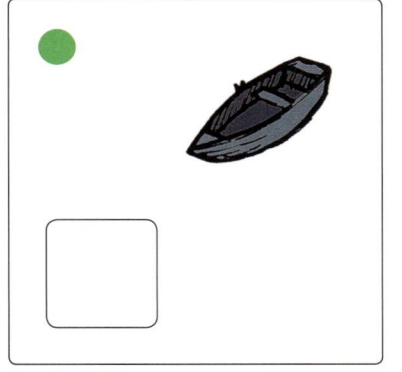

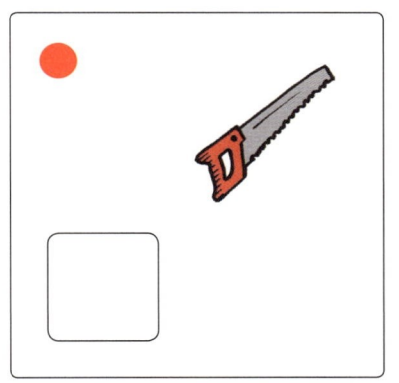

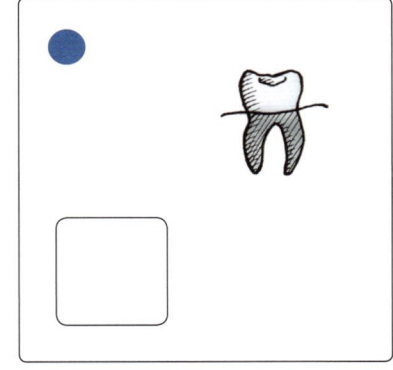

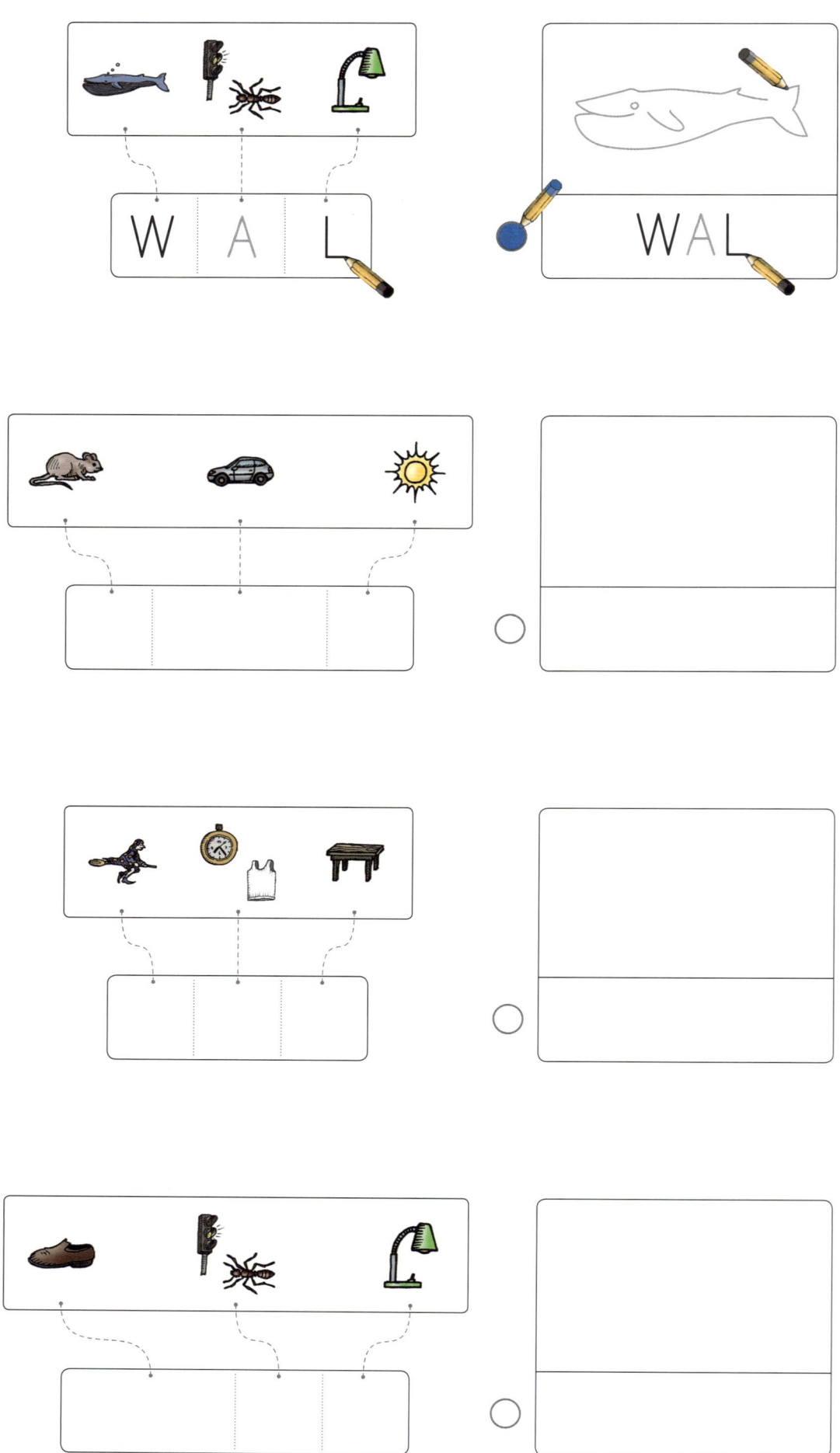

W A L

W A L

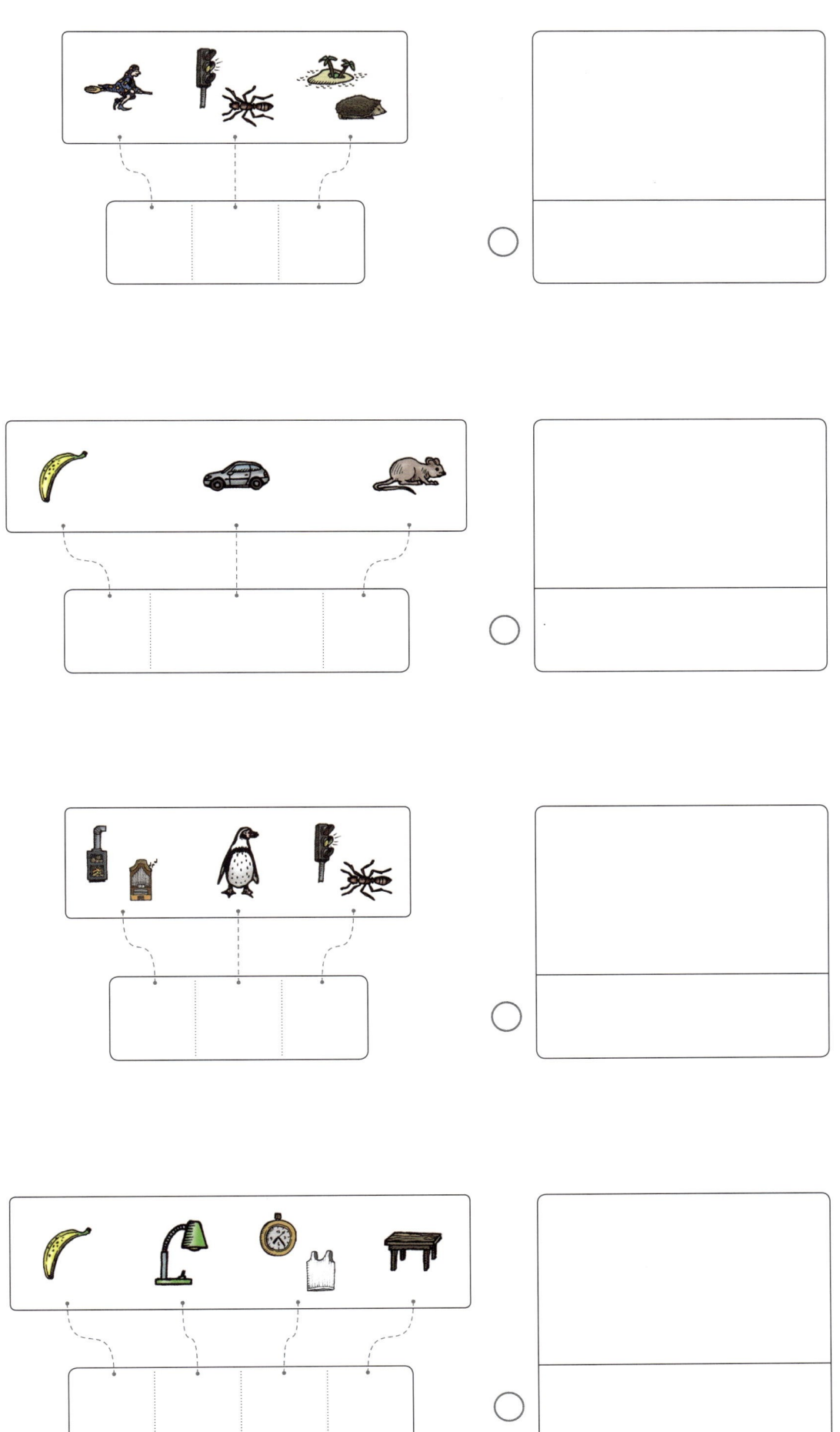

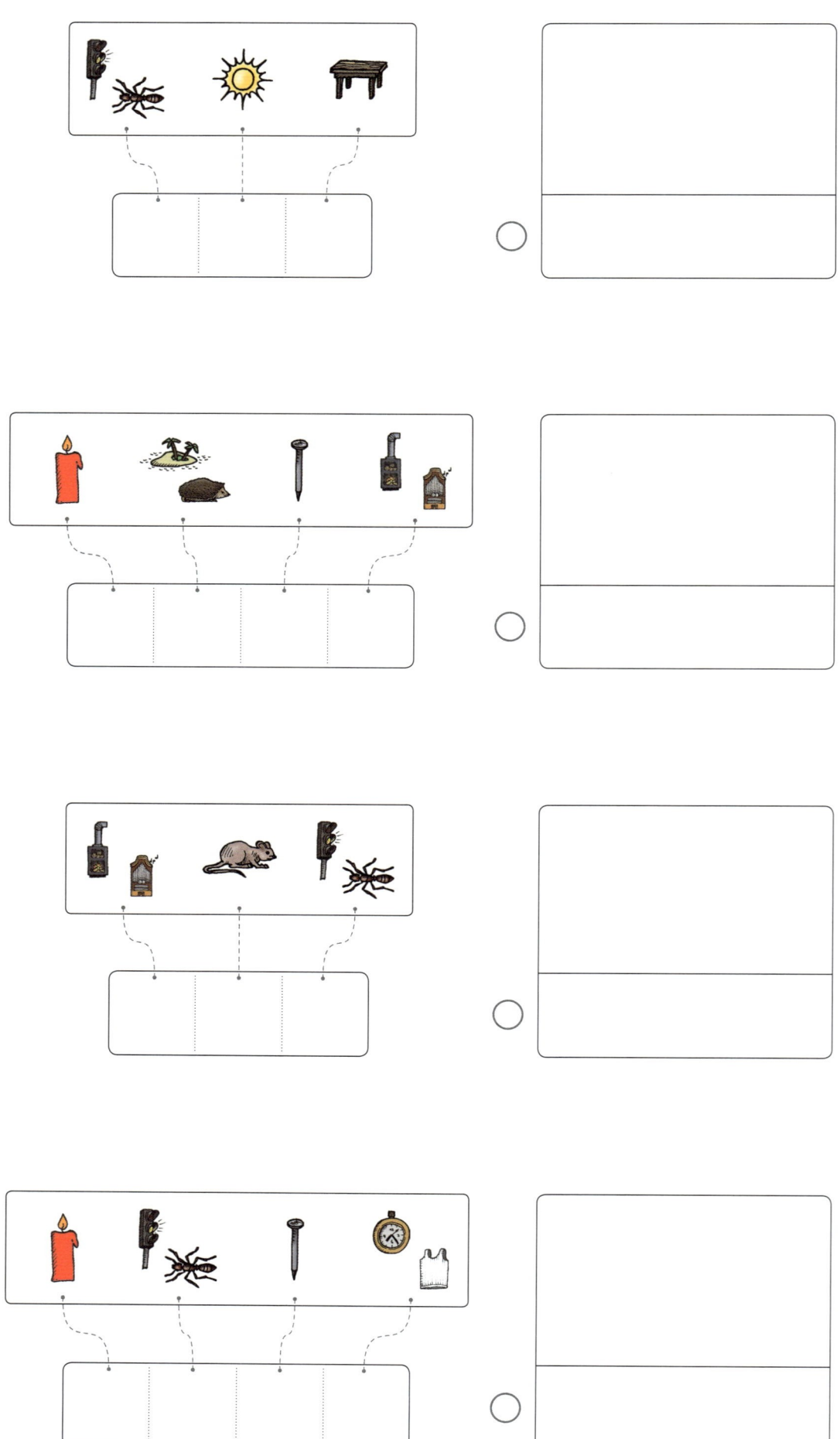

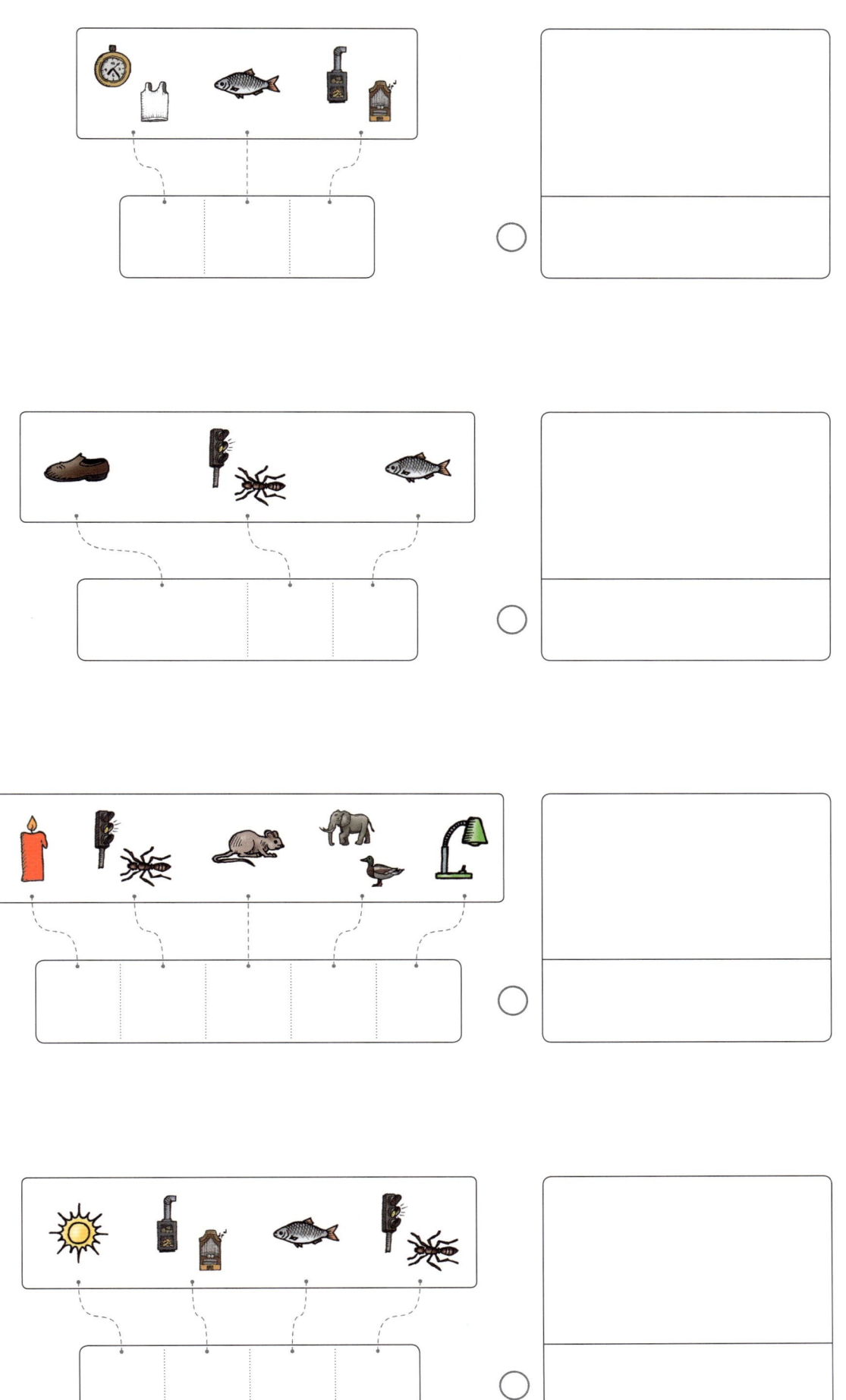

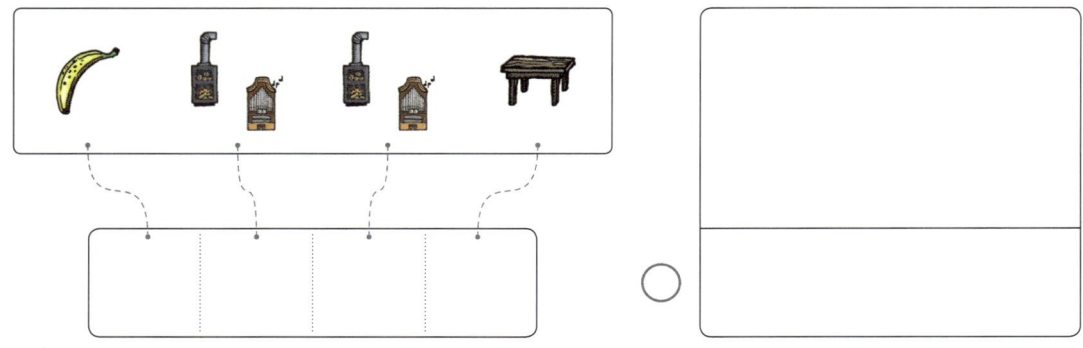

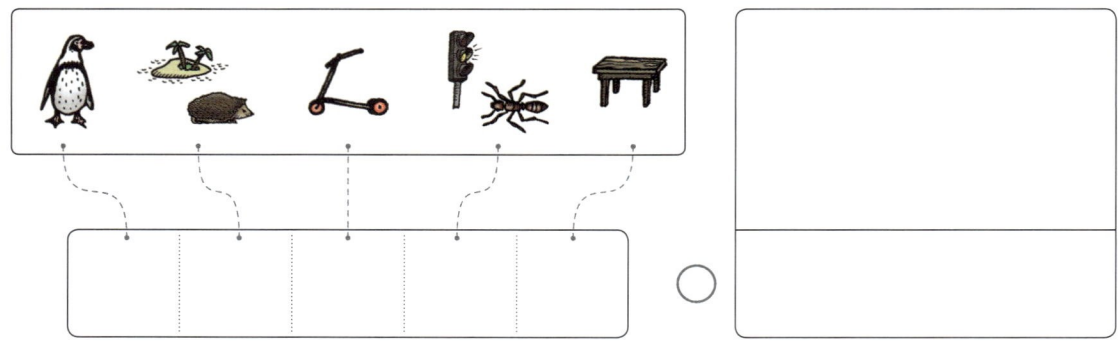

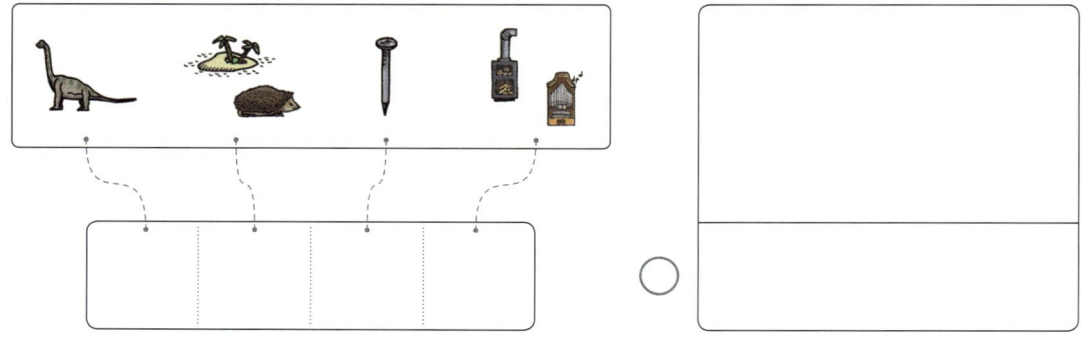

32

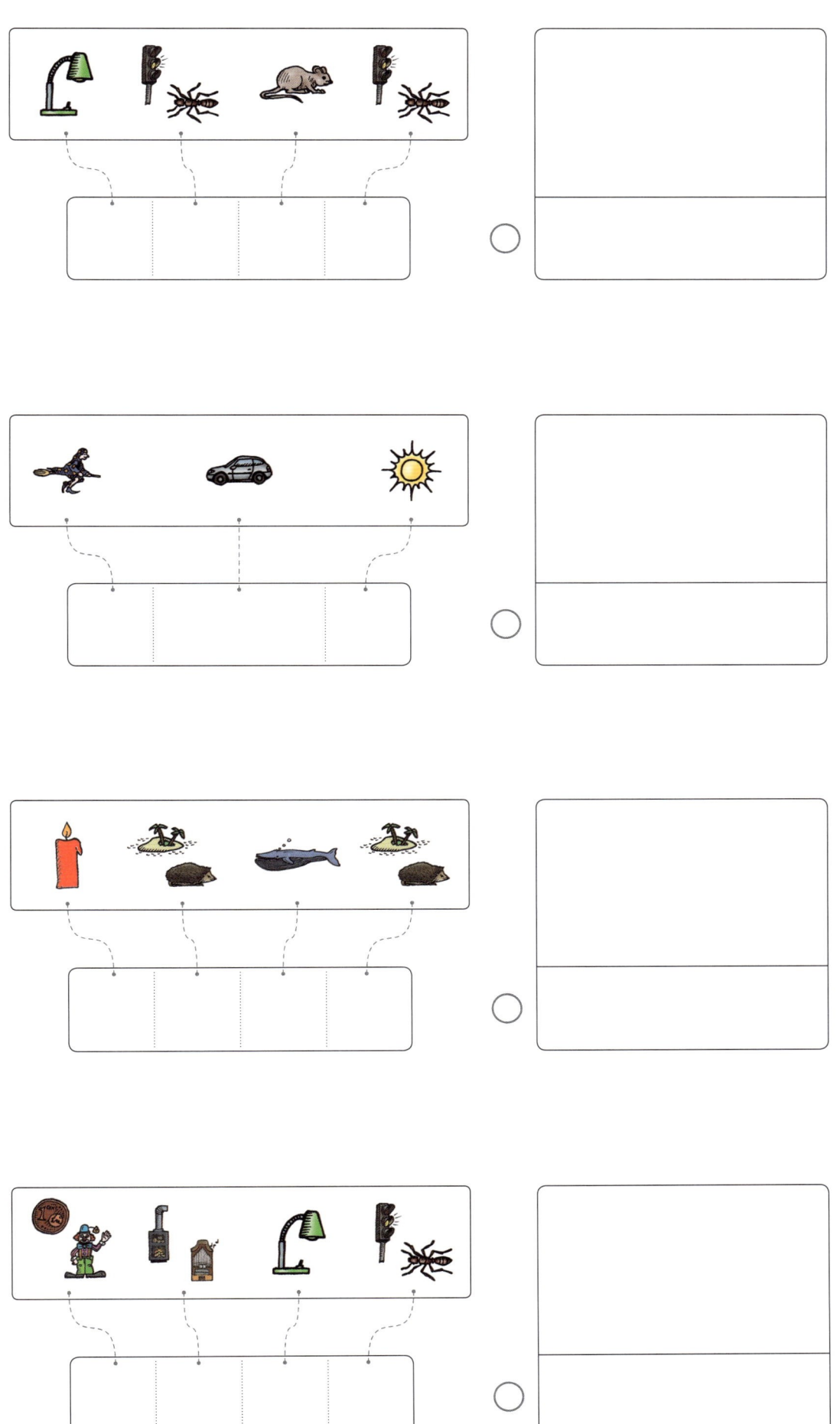

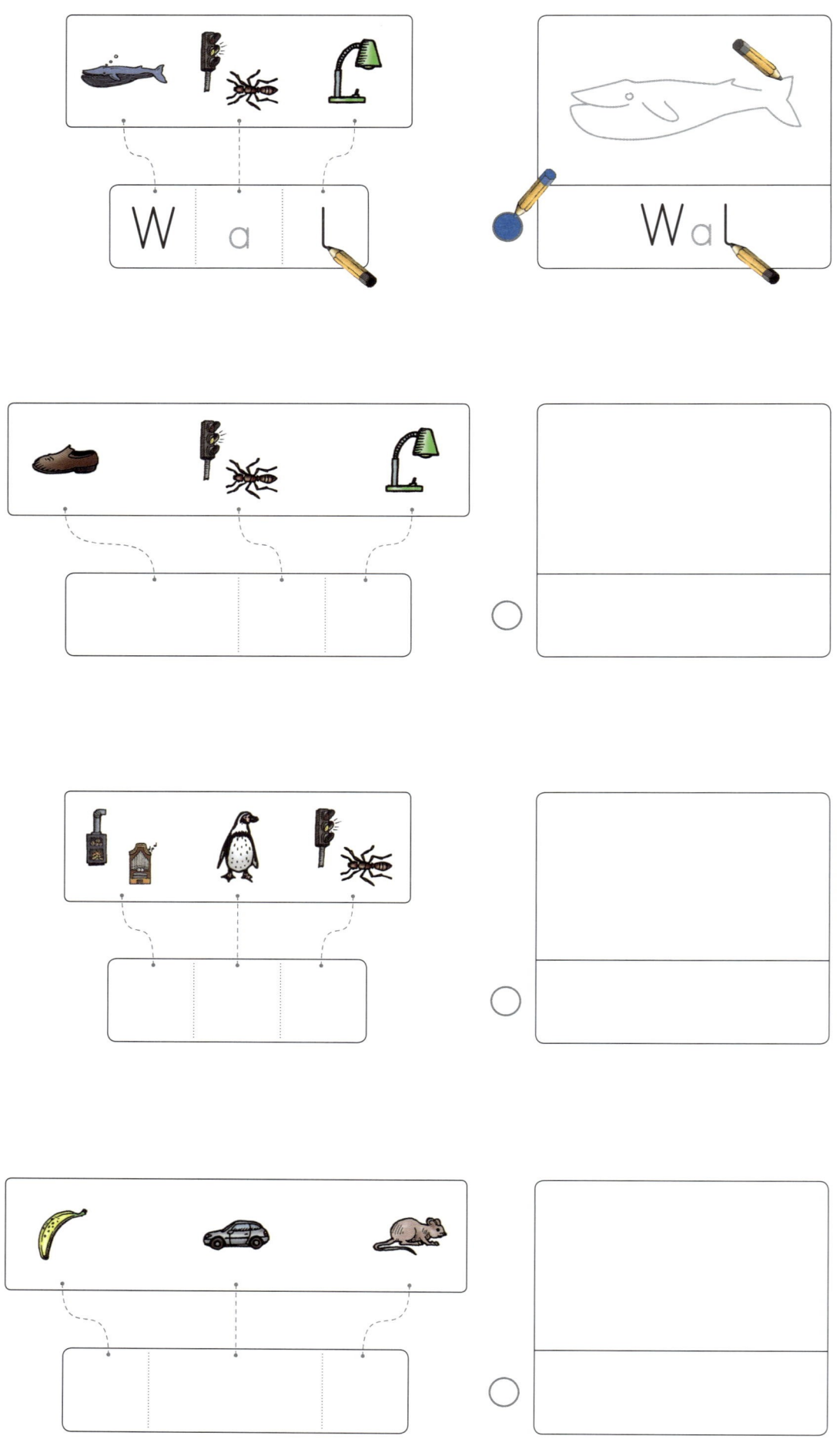

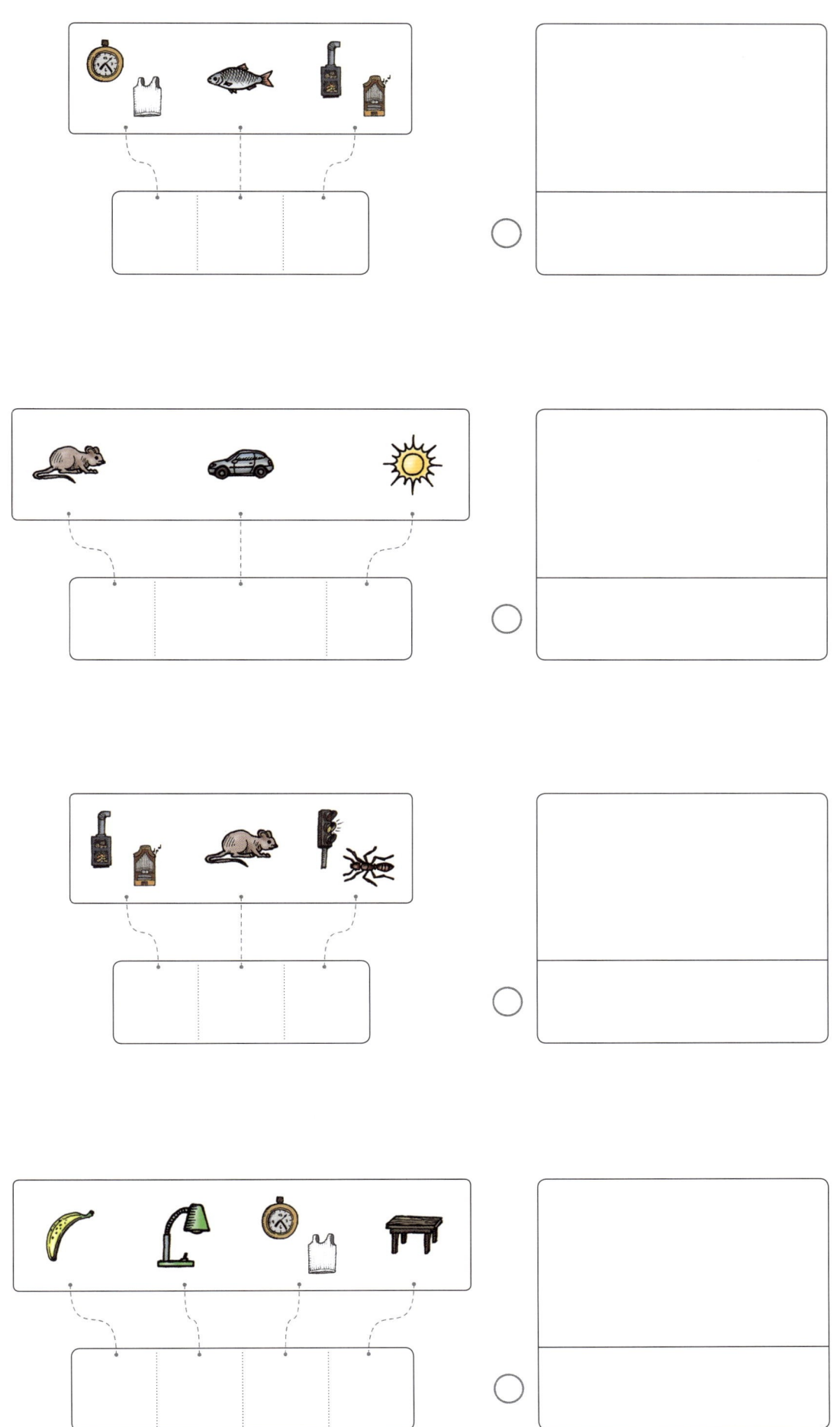

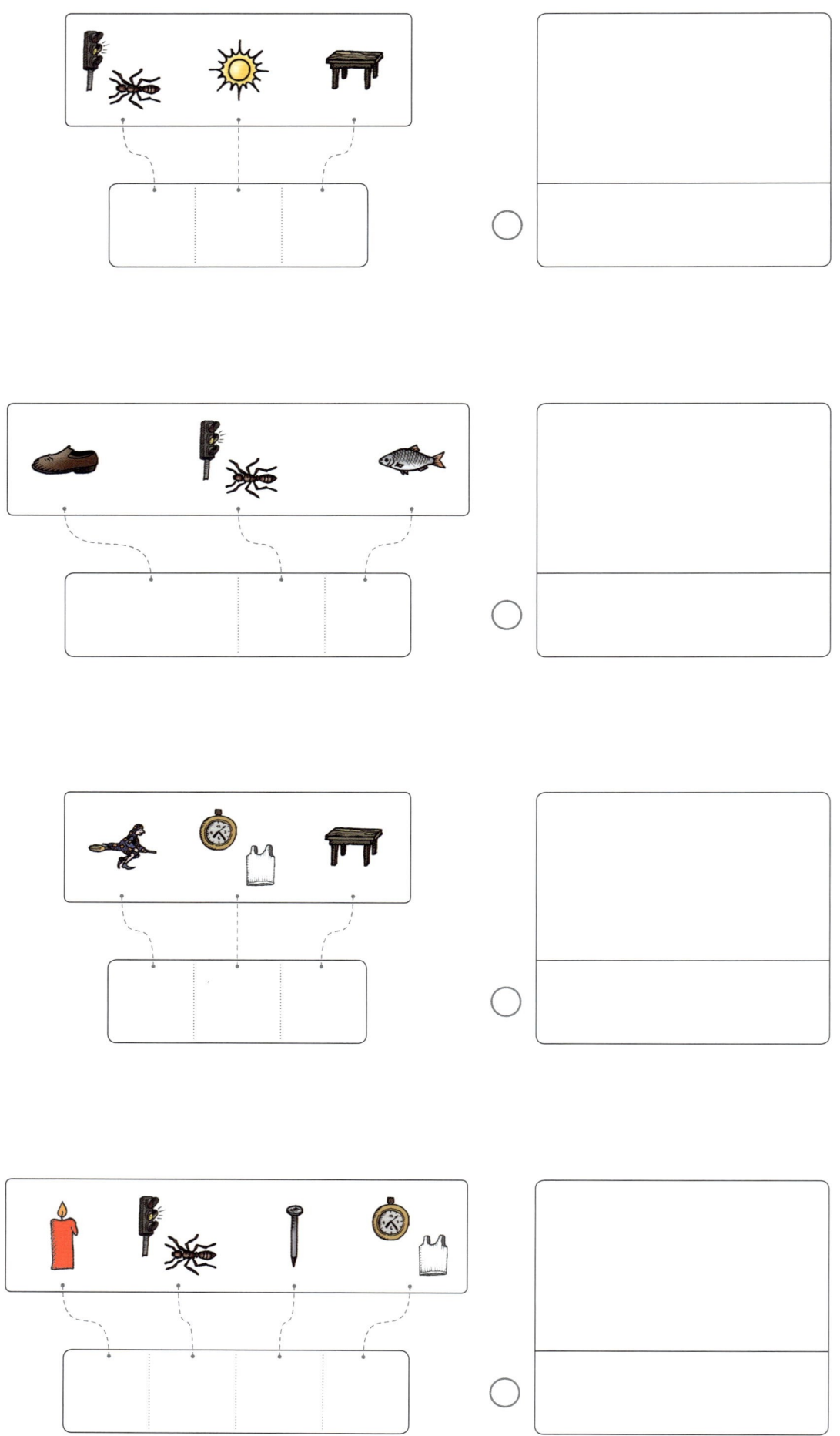

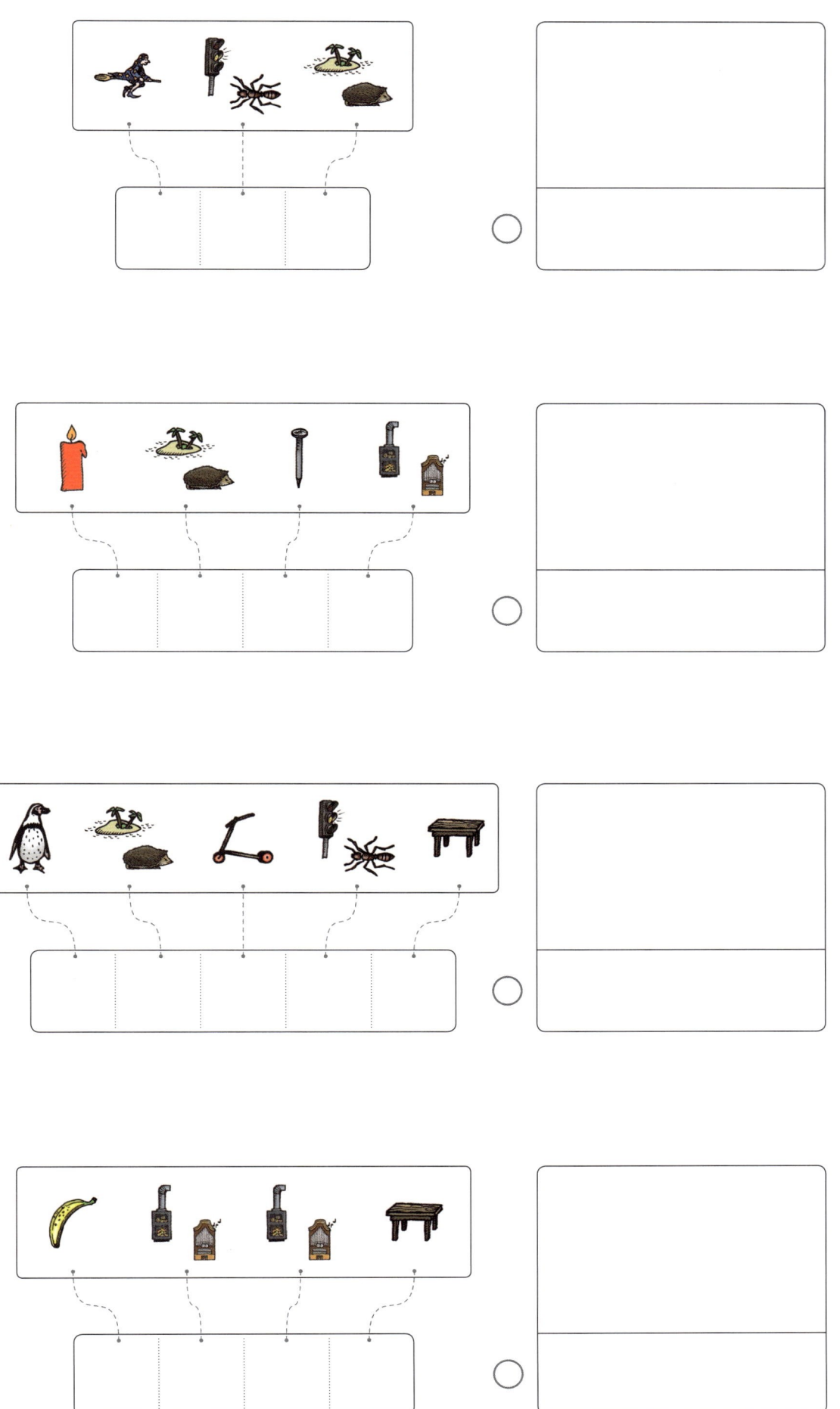

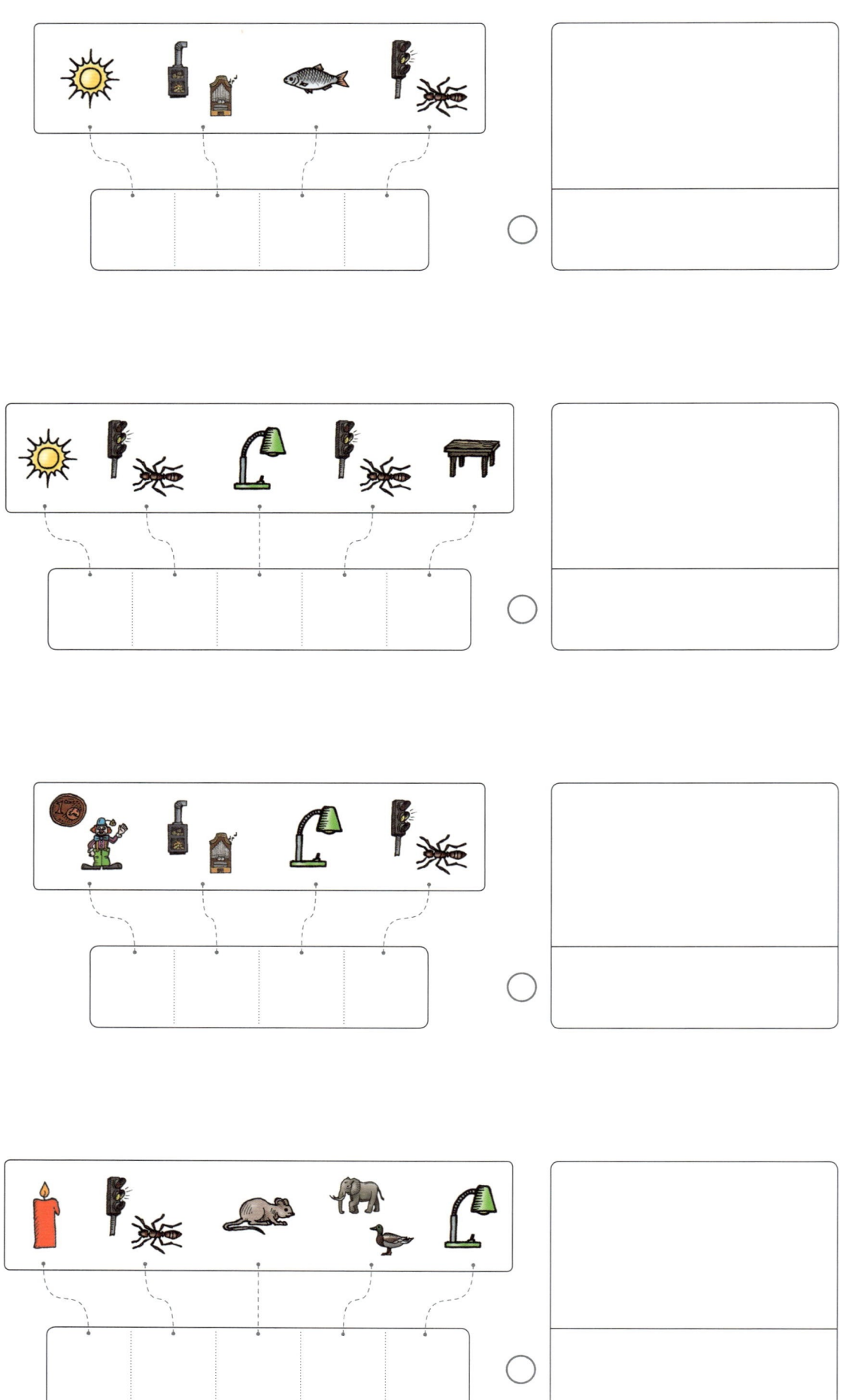

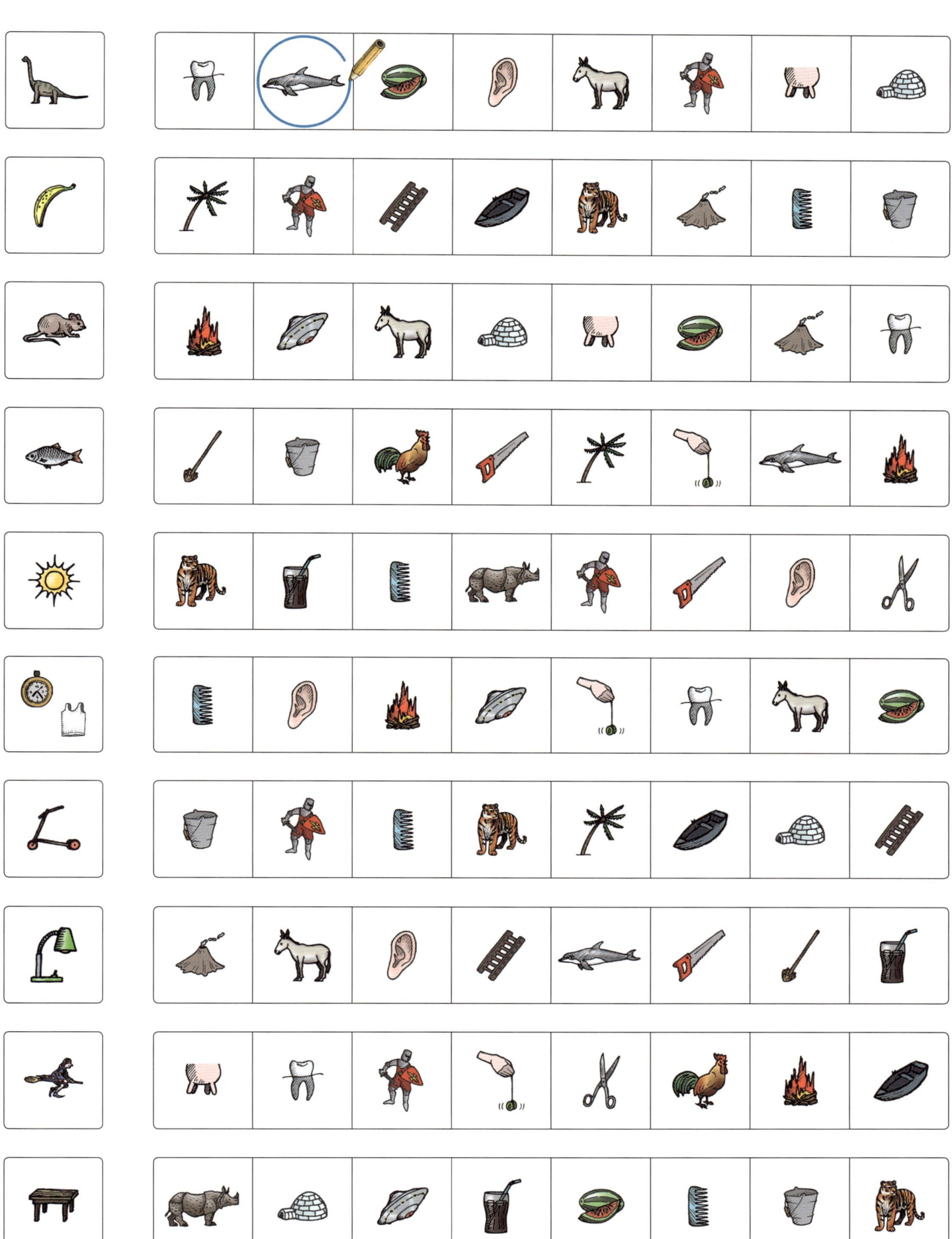

	K	U	H	P	R	S	G	R
	D	A	J	Z	W	U	E	H
	H	C	B	A	K	N	V	R
	U	P	O	E	G	J	M	L
	K	D	H	I	C	S	R	K
	R	K	F	S	L	A	F	D
	J	U	M	P	R	M	Z	E
	A	F	V	E	K	P	O	G
	P	X	S	H	B	N	U	Z
	G	K	N	P	F	W	R	A

Finde den richtigen Anfangsbuchstaben!   Kreise ein!

	G	A	W	E	T	U	O	Z
	T	K	J	E	I	S	R	P
	R	U	E	P	D	W	H	F
	T	A	S	V	Z	K	L	E
	P	T	I	N	U	M	S	O
	W	E	F	A	H	Z	N	R
	K	Z	P	D	L	U	T	I
	R	B	A	O	V	W	S	R
	D	T	F	M	Z	J	F	H
	E	R	O	I	D	S	P	A

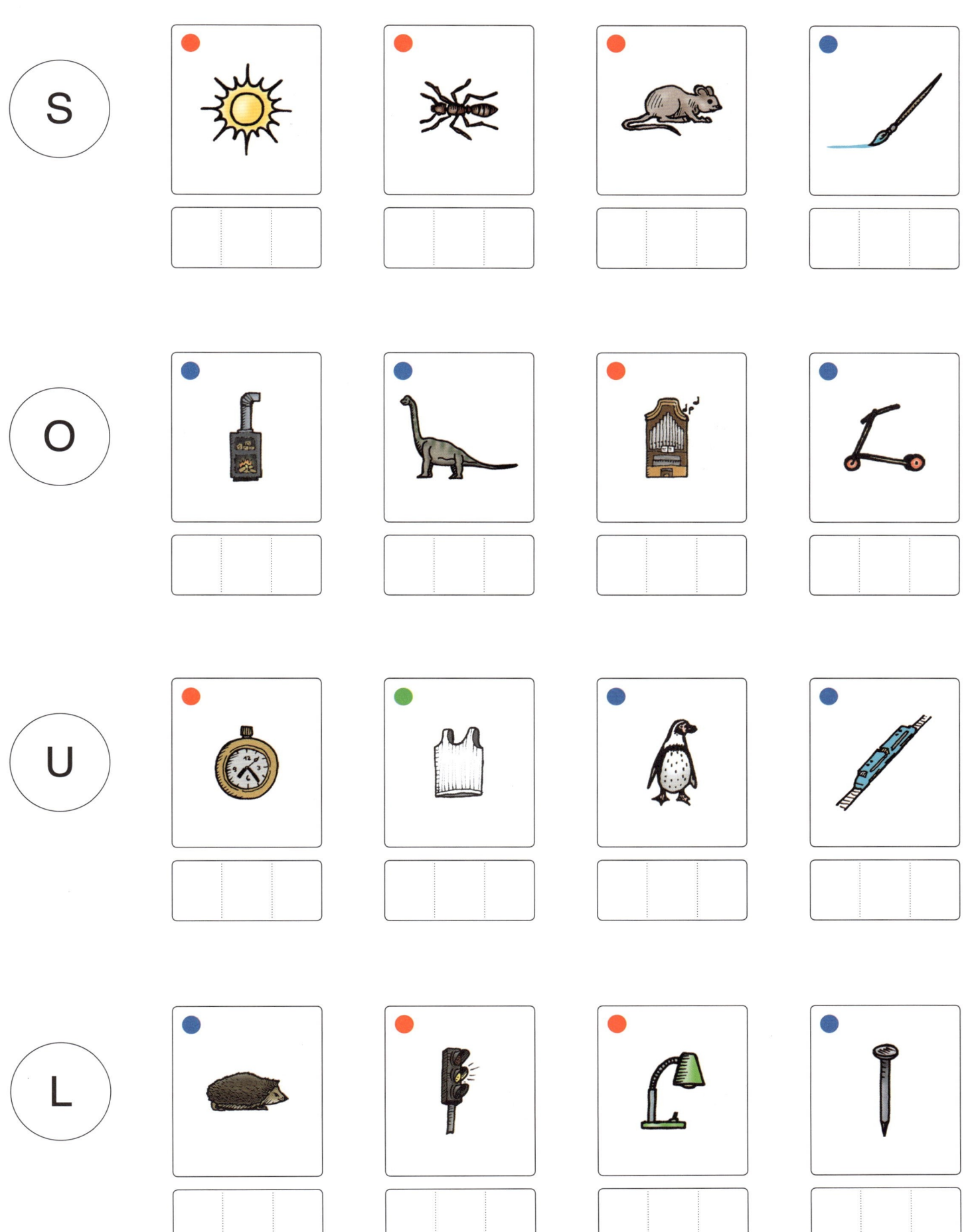

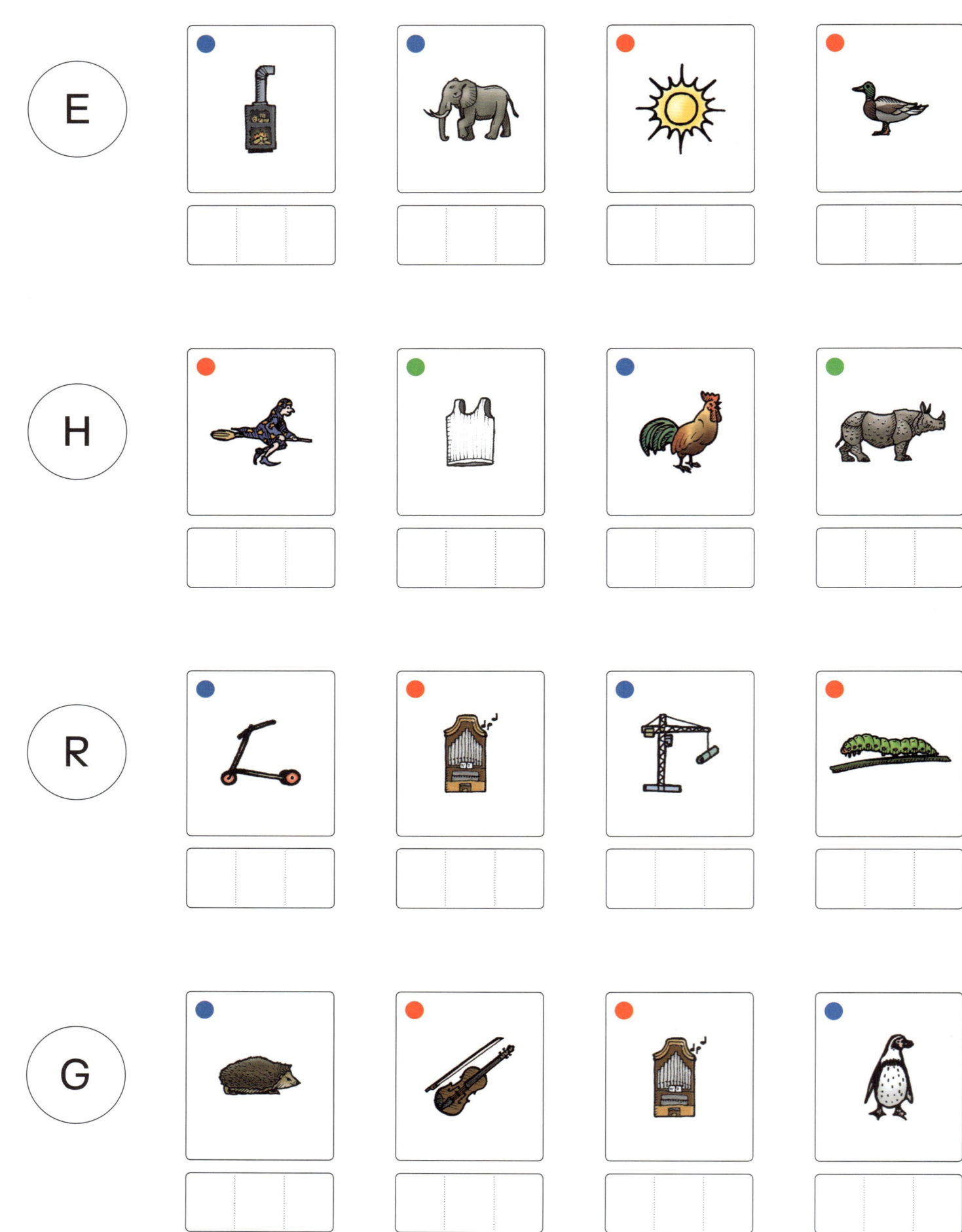

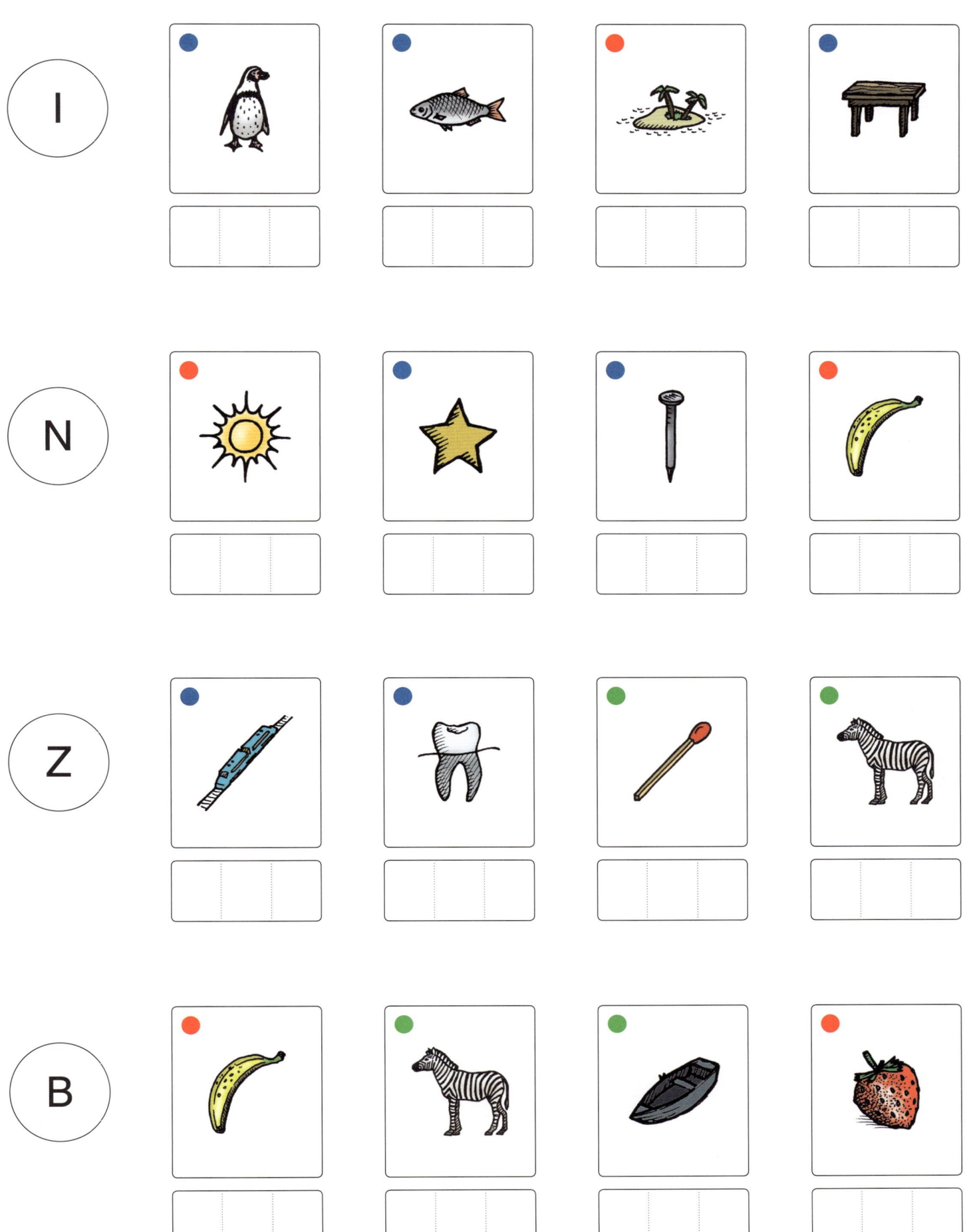

Schreibe das Wort zum Bild!

das Kamel

der D

das A

der Hut

Weiter geht es in der DaZ-Ausgabe von „Ich kann schreiben Teil 1".